ग़ैरत-ए-जज़्बात
KHATA-A-MOHABBAT

पुनम सिंह

इस पुस्तक में मौजूद तमाम काव्य, पिछले दो सालों की रचनाएं हैं। जिसे मैंने एकत्रित करके एक पुस्तक का रूप दिया। इस पुस्तक में कुछ खट्टी मीठी यादें हैं। कुछ हकीकत पर आधारित काव्य रचनाएं, तो कुछ ख्यालों से प्रेरणा ली गई, काव्य रचनाएं। तो कुछ जीवन में मिली दर्द को शब्दों में पिरो कर काव्य का रूप दिया गया है।

अंततः मैं कहना चाहूंगी कि खयालों से प्रेरणा ली गई रचनाएं, वास्तव में किसी न किसी के जीवन की हकीकत हो सकती है। अर्थात मैं उम्मीद करती हूं, कि आप इरो पढ़ते वक्त खुद के किसी न किसी बीते हुए पल को जरूर याद करेंगे और उसे अनुभव करेंगे। अपनी जीवन के कुछ अनुकरणीय छन के भाती प्रतिक होगा।

क्रम-सूची

क्रम-सूची

क्रम-सूची

Instagram: @poonamsingh_8898

प्रस्तावना

इस पुस्तक के माध्यम से मैं प्रेम के अनोखे और अद्भुत प्रकार के भाव को शब्दों के माध्यम से काव्य रूप में प्रस्तुत करने की एक छोटी सी कोशिश की हूं । कुछ काव्य आपको अपने प्रेम-पीड़ा से रूबरू कराएंगे । तो कुछ काव्य आपको हौसला प्रदान करेंगे । शब्दों में अनंत शक्तियां होती हैं । जो आपके अंदर अटूट हौसला प्रदान करती हैं । तो कभी किसी के कुछ शब्द ऐसे भी होते है जो आपको अंदर से तोड़ देते हैं। और कुछ शब्द ऐसे होते हैं, जो आपको बिखेर देते हैं। मगर उसके विपरीत, कुछ ऐसे शब्द होते हैं, जो आप को सुलझाते भी हैं, सवार थे भी हैं, और उसके उपरांत आपको एक नया इंसान और बेहतर इंसान बनने में मदद करते हैं। ये है शब्दों की शक्ति, जिसको मैंने काव्य माध्यम से आप सभी को समझाने की भरपूर कोशिश की है।

भूमिका

मैं मुख्य रूप से उन्हें लम्हों की शुक्रगुजार हूं। जिस लम्हें में ऐसे ख्याल ने मेरे मस्तिष्क में घड़ कर लिया । जब कोई ख्याल मस्तिष्क पर हावी हो जाती हैं। तब मैं उसे पन्नों पर उतार दिया करती थी। आज उसी का नतीजा यह पुस्तक है। जो आप सभी के समक्ष प्रस्तुत किया गया है।

मैं उस शक्ति, उस ईश्वर, और अपने उन सभी गुरुजनों को भी तहे दिल से शुक्रिया अदा करना चाहूंगी । जिन्होंने मुझे शब्दों को पिरोना सिखाया। और अपने आस-पास मौजूद उन लोगों की भी शुक्रगुजार हूं । मैं जिनकी कुछ शब्द कुछ बातें मुझे दर्द देती थी। और जिसे मैंने हर बार पन्नों पर उतारकर एक नई रचना को बारे सिद्दत से तैयार करती थी । उस लम्हे में कुछ ऐसे जख्म थे। जिसको मन में बोझ बनाकर रखने से बेहतर मैं समझती थी, की पन्नों पर सजा देना बेहतर होगा । इससे हमारा दिल भी हल्का हो जाता है । और जितनी दफा मैने अपनी पीड़ा को पन्नों पे उतारा वो एक नई रचना बनकर तैयार होते रही।

पावती (स्वीकृति)

इस पुस्तक की रचनाएं जब आप पढ़ रहे होंगे। तब यकीनन आप भी अपने टूटे दिल के जख्म को काव्य पंक्तियों के साथ काबिल-ए-बयान कर पाएंगे। जीवन में प्यार हर किसी को होता है। मुमकिन है, एक बार या फिर दोबारा भी हो सकता है। हमें जरूरत है की एक सच्चा और काबिल साथी ढूंढने की, जब तक ऐसा कोई हमसफ़र हमें नहीं मिल जाता । तब तक ये प्यार असल में क्या होता है । हमें समझ नहीं आता और, हम सच्चे प्यार से वाकिफ भी नहीं हो पाते।

चुकीं प्यार में लड़ाई झगड़े नोक-झोंक तमाम चीजें मौजूद होती हैं । इस काव्य को जब भी आप पढ़ेंगे। आपको भी अपनी किसी न किसी पुराने पल का एहसास होगा।

आमुख

यह काव्य पंक्तियां हिंदी भाषा में लिखी गई है मुख्य रूप से इन कविताओं में प्रेम-पीड़ा के भाव का प्रदर्शन किया गया है । जिसके माध्यम से प्रेम में मिले पीड़ा को शब्दों के माध्यम से व्यक्त किया जा सके। संपूर्ण काव्य में प्रेम-प्रसंग, प्रेम-पीड़ा, का जिक्र हुआ है।

भिन्न-भिन्न परिस्थितियों में, अपने प्रेमी और प्रेमिका के नोक-झोंक , गिले-शिकवे, और फिर कुछ रिश्ते ऐसे जो अधूरे रह जाते हैं। उस किस्से को काव्य के रूप में प्रस्तुत किया गया है।

अंततः यह पुस्तक मुख्य रूप से इश्क के मिले दर्द, एक तरफा मोहब्बत की अजियत, और एक बिखरे हुए इंसान के एहसास को समझने में आपकी मदद करेगा। एक जख्मी शायर की अनुभूति कराएगी ये पुस्तक आपको।

साथ ही रिश्ते से उभर कर आगे बढ़ने का तरीक़ा भी मिलेगा।

झूठ की बुनियाद

झूठ की बुनियाद पर खड़े हो ,
और कहते हो मेरी कद देखो ।
बताओ झूठ से खड़ी इमारत को ,
पूरी हस्ती समझ बैठे हो ।

बताओ सच का तूफान ,
तेरी बुनियाद को डुबो दिया अगर,
तो अपनी मगरूर निगाहें कहां छिपाओगे।

"मियां"
नूर मिलने पर जो मगरूर हो ,
और कहते हो, मेरा सारा जहां रोशन है ।
बताओ सच से वाकिफ नहीं या ,
सच से मुकरने का हुनर आजमा रहे हो ।

सूरज से निकलती किरण ,
जो कांच पे आ गिरी और ,
उसके चमक को तुम नूर बता रहे हो ।

बताओ शाम के डलते पहर में,
रोशनी कहां से लाओगे ।

"मियां"
झूठ से खड़ी इमारत को ,
पूरी हस्ती समझ बैठे हो ।
और कहते हो मेरी कद देखो।

ऐ बेवफ़ा

ऐ बेवफ़ा तू इतना ज़ब्र कर जायेगा,
ये मालूम न था।
मेरे जिस्म के साथ रूह को भी नोच खायेगा ,
ये मालूम न था।

क्या हो गया अगर की, तू बदल ही गया।
मगर रहें मंज़िल भी बदल लेगा,
ये मालूम न था।

हुस्न वालों के तरफ़ जाकर ,
जानिब-ए -मंजिल से भी रुख मोड़ लेगा ।
ये मालूम न था

मुझ संग खुश रहकर, मुझे ही खिलौना समझ लेगा ।
ये मालूम ना था ।
मेरे मुरझाने पर फकीर बनकर, जहर पिला जाएगा।
ये मालूम न था ।

मेरे कद को लिबास नहीं,कफन के लिए नापेगा ।
ये मालूम न था ।
ऐ बेवफा तू इतना ज़ब्र कर जाएगा ,
ये मालूम न था ।

मेरे जिस्म के साथ, रूह को भी नोच खाएगा,
ये मालूम न था ।
ऐ बेवफा तू इतना ज़ब्र कर जाएगा ,
ये मालूम न था।

झूठा लगने लगा है

प्यार करो तो गुनाह सा लगने लगा है ,
रातें अब तन्हा सा लगने लगा है ।
जगती है जब उसकी यादें मुझे ,
तब हर शख्स बेवफा सा लगने लगा है ।

सच कहूं तो अब ,
भरोसा भी टूटने लगा है ।
दोबारा विश्वास करना ,
मुश्किल सा होने लगा है।

बेनकाब होने पर वो ,
झूठ को सहारा बनाने लगा है ।
बेवफा की दुनिया में,
वो खुद को डुबोने लगा हैं।

वफा की हस्तियां मिटा कर,
हसीनों से मिलने लगा है ।
अपश्राओ की कहानियां सुनाकर ,
हमें भी बेवफा बताने लगा है।

अरे जाओ मियां जाओ,, अब तो,
हमें ये जहां ही झूठा लगने लगा है।

डर इस बात का तो नहीं

डर इस बात का तो नहीं ,
कि मंजिल दूर है । "माही"
फिक्र सताती है हमें ,
कि हम राह बदल ना जाए कहीं ।

डर इस बात का तो नहीं ,
की मसरूफियत से भरी है,
जिंदगी तेरी। "माही"

फिक्र सताती है हमें ,
कि मसरूफियत का हकदार ,
कोई रकीब ना बन जाए कहीं । "माही"

डर इस बात का भी नहीं ,
कि रुखसती हो जाए कभी हमारी। "माही"

फिक्र सताती है हमें,
कि आप भूल न जाए कहीं ।
डर इस बात का तो नहीं ,
कि तनहाइयां मिलेंगे । "माही"

फिक्र सताती है हमें।
कि तन्हाइयों के आलम में ,
रुसवाईयां भी ना मिले कहीं। "माही"

वो बेवफ़ा नही थी

रुखसती इतनी खामोशी से कि उसने ,
कि शादी का शोर तक ना होने दिया ।
तो मैं दिल टूटने पर आवाज कैसे होने देता ।।

भीड़ बाजार का तो नहीं था ।
पर मेरी महबूबा की बारात आई थी ।

महफिल में पांव जमाया तो पाया ,
कि मेरी महबूबा भी ।
पलकों पर अश्क सजाएं,
मंडप में बैठी थी ।

पाव उसके भी थिरक रहे थे ,
मुझसे कहीं दूर चले जाने को ।
पर सर पे,
पापा की पगड़ी भी संभाले बैठी थी।

बेटी का फर्ज अदा कर रही थी ,
सारी रस्मों को बखूबी निभा रहे थी।
फिर कैसे कह दूं बेवफा उसे ,
जो शादी से पहले सिर्फ वफा निभा रही थी।

सुना हैं

सुना हैं,,

तुम मुस्कुराते बहुत हो ।
इसी मुस्कान से,,
सब को लुभाते बहुत हो ।।
अभी कल परसों की बात है ।
सुना है तुम शर्माते भी बहुत हो ।।
हाय,,
इसी अदा से सबको बहकाते बहुत हो।

अच्छा सुनो ,,
तुम यूं ही मुस्कुराते रहना ।
हम पास आए तो शर्माते रहना ।
हम बातें करते रहे तो,
तुम सिर्फ hm हू हू गुनगुनाते रहना ।
हम चुप ना भी करे ,
तो तुम "लोल" कहकर चुप करा लेना ।

और,,
अगर बातों का,
सिलसिला यूं ही चलता रहा।
तो सुना, बातों को दरकिनार करना ।
और,,
सो जाना और सोते सोते भी मुस्कुरा लेना।
क्योंकि सुना है ,,
तुम मुस्कुराते बहुत हो ।

इसी मुस्कान से सब को लुभाते बहुत हो।

आजकल

यूं तो अकसर तुम बहाने ढूंढा करते थे,
मुझसे मिलने की ।
आजकल तुम बहाने देने लगे हो,
जल्दी निकलने की ।

कोई तो बात है यूं छुप छुप कर ,
किसी और से मिलने की ।
बस खबर नहीं हो रही है मुझे ,
तेरे इन हरकतों की ।

बस इतना याद रखना ,
बेइंतहा मोहब्बत है तुझसे ये याद रखना ।
और बेहतर के होते हुए ,
बेहतरीन की तलाश करनी है ना तुझे ।

बस एक रहम करना मुझ पर ,
अपने साथ मत रखना ।
ये जो झूठे आशियाने बनाए
जा रहे हो ना तुम ।

रकीबों के संग मिलकर ,
नए रिश्ते निभाए जा रहे हो ना तुम ।
मिले रिश्तो में दर्द कोई तो ,
मुझे याद मत करना ।

खुदा के दर जाकर अब ,
कोई फरियाद मत करना ।

मुश्किल है ये प्यार करना

आख़िर प्यार करना ,
इतना मुश्किल क्यों होता है।
वक़्त गुजरते-गुजरते,
ये रिश्ते उलझने की लगते हैं ।

हमराह बन जाए कोई ,
तो राही क्यों अलग हो जाती हैं ।
जिस रिश्ते को इतनी सिद्धत से पिरोया ,
वो टूट क्यों जाती हैं ।

प्यार जो सुनकर इतना अजीज लगता है ,
वो इतना दर्द क्यों देता है ।
क्या सच में,
प्यार करना इतना मुश्किल होता है।

हां हां" जनाब प्यार करना बड़ा मुश्किल होता है।

इजहार करने के बाद,
ताउम्र साथ निभाना मुश्किल होता है ।
नए रिश्ते बनाकर,
पुराने रिश्तो को भी निभाना मुश्किल होता है ।

हमराह (दो मुसाफिर) से, एक जान बनकर
जिंदगी बिताना मुश्किल होता है ।
जिस रिश्ते के बंधन में बंधे हो,
उसे सवारे रखना मुश्किल होता है ।

जिम्मेदारियां सर पर हो, फिर भी प्यार को
संभाले रखना मुश्किल होता है ।
जात-पात अगर बीच में आ जाए तो,
हमसफ़र का हाथ थामें रखना मुश्किल होता है।

जी हां हां जनाब प्यार करना मुश्किल होता है ।

भारतीय सिपाही

वो वीर सेनानी सीमाओं पर खड़े हैं ।।
देख फिरंगी भाग पड़े हैं ।।
भारतवासी के रक्षा में ,
सैकड़ों सिपाही शहीद हुए हैं ।।

देश हमारा सुख में होता ,
कोई सिपाही जान ना खोता ।।
आपस में ये बैर क्यों है ,
बिन मसले का शोर क्यों है ।।
सिख ईसाई हिंदू मुस्लिम ,
महज एक नाम के खातिर ,
आपस में ही लड़ते क्यों हैं ।।

मिट्टी का बना इंसान ,
मिट्टी में ही मिलना है ।।
छोटीसी जो उम्र मिली ,
इसमें भी इनको लड़ना है ।।
ऐ मूर्ख इंसान फिर क्यों ,
तुझे इंसान बनकर जीना है ।।
फक्र कर इंसान होने पर ,
इंसानियत को जीतने दे ।।
ना रख आपस में बैर कोई ,
हर इंसान को जीने दे ।।

इश्क़ की मसरूफ़ियत

ब्रेकअप ही हुआ है ना ,
शायद यह बहुत पहले किया तुमने।

मैंने यकीन किया तुम पर ,
शायद तुम सुधर जाओगे ।
मगर तुम फिर भी बिगड़ते रहे ।

हम तुमसे इश्क करते रहे ।
और तुम बेवफा बनते रहे ।

हम तुम पर ही ठहरे रहे ,
और तुम दर-बदर भटकते रहे ।

हम निभाते रहे हमारे रिश्ते को ,
और तुम मशरूफ रहे नहीं रिश्तो में ।

यह रिश्ता जो हमने बनाया था ,
इसमें मेरे अलावा तुम कहां गए ।

अब जब टूट गया है ये रिश्ता ,
तो तुम्हें मेरी तलाश क्यों ?

तुम्हें तो, गैरों की तलब थी ना।
अब मेरी आश क्यों?

छोड़ो ना ये दिल भर आया है ।
इश्क से, फिर यह इश्क की बात क्यों?

इश्क़ या दोस्ती

अगर इश्क कर ही लिया ,
तो इज़हार क्यों किया ।

जब दिल टूटने का इतना ही डर था ,
तो कमबख्त यह इश्क क्यों कर लिया ।

मेरी मानो ये इश्क़ बुरा नहीं बस,
ये जमाने से खौफ आता है ।

दो तरफा इश्क़ कर लू मै भी ,
मगर फिर जुदाई का डर सताता है।

चलो छोड़ो गैरों की बात ना सुनते हैं ,
मगर बात जब अपनों का आता है ।

तुम बताओ किसकी सवालों को
नजरअंदाज कर ,
किसके किसके सवालों को सुनूंगी मैं।

अगर जुबान पर जवाब ना आया,
तो जवाब में क्या कहूंगी मै ।

अच्छा छोड़ो ये इश्क मोहब्बत की बातें,
हम दोस्त ही बन जाते हैं ।

इश्क का तो पता नहीं ,
हम दोस्ती को निभाते हैं।

सच का आईना

वो आईना तो सच का है ।
कोई झूठ का लिबास उसे पहना गया।

कितने चोट खाए हैं उसने ।
झूठ का लिबास सारे जख्म को छुपा गया ।

अब लोग कहते हैं, ये आइना झूठा है ।
देखो, इसने झूठ का लिबास ओढ़े रखा है ।

यह आइना है जनाब, जरा सी चोट पर
ये टूट जाता है ।
फिर जख्म छुपाने के लिए ,
झूठ का लिबास पहन लेता है ।

उसके जख्मों पर, कोई मलहम हम न लगाओ।
जख्म भर भी गया, तो यह निशान रह जाएगा।

कोई लाओ झूठ का लिबास ,
और सच के आईने पर सजा दो।

ये एक कोने में यूं ही पड़ा रहेगा ।
मत करो कोई छेड़खानीयां उससे,
वह तो बिखरा पड़ा है ।
उसे समेटते वक्त कहीं तुम्हें भी चुभ जाएगा ।

तुम्हें भी कहना पड़ेगा

तुम्हें भी कहना पड़ेगा।
यह सितम सहना पड़ेगा।
अगर जो मैं रूठ जाऊं तो ,
तुम्हें आकर मनाना पड़ेगा।

सुख-दुख भी बैठना पड़ेगा ।
अगर जो मैं फिसल जाओ तो,
हाथ पकड़कर संभालना पड़ेगा।
रो जाऊं कभी हालातों से तो ,
होठों की मुस्कान तुम्हें बनना पड़ेगा।

हर बार प्यार का इकरार में ही करू
एक बार ही सही इकरार तुम्हें भी करना पड़ेगा
और कहते हो कि, "तुम्हें पता तो है" कि
मैं तुमसे बेइंतेहा मोहब्बत करता हूं ।

हां" ठीक है, जानती हूं ,
मगर ये बात दुनिया को भी बताना पड़ेगा।

मन की मौज

मन की मौज में डूबा वो।
खुद से खुद में खोया वो ।

क्या खोया क्या पाया।
क्या खबर है उसको।

मंजिल की तरफ जो नजर है उसकी ।
जिद्दी बनकर खड़ा है अब भी ।

जो थक हार बैठ गया।
मंजिल से रुठ गया ।

जो वक्त का दो पहिया भाग रहा ।
तू भी ज़िद्दी बन कर दौड़ लगा ।

जा तू भी रेत पर पानी ला ।
कुछ लोग बैठे तेरी आश में ।

जा जाकर उनकी प्यास मिटा ।
जा जाकर उनकी प्यास मिटा ।

ये आखरी रात

ना कर कोई बातें मुझसे ,
बस इस वक्त को ठहरने दे ।
मेरी सांसे तेरी धड़कन को सुने जाए बस,
इस फोन कॉल को यूं ही चलने दे ।

आज के बाद कोई शिकायत नहीं होगी तुझसे,
बस आज जी भर के रो लेने दे।
हर रात की सिसकियों में गूंजता तेरा नाम है ,
अब बस हुआ तू भी जा मुझे भी जाने दे ।

यह आखिरी मोर हमारे रिश्तो का ♥
यहां से रुख मोड़ और मुसाफिर बन जा,
मुसाफिर बन कर मुझे मंजिल तक जाने दे ।
तू तो निकल पड़ा है अपने रास्ते पर बहुत पहले,
अब मुझे भी आजाद कर और उड़ जाने दे।

हुनर

हुनर फिर से वही आजमाओगी क्या ,
पुराने वो किस्से फिर से सबको सुनाओ गी क्या।
अनजान हो गए हैं हम अगर तो,
एक नए आशिक से मिलवा आओगे क्या ।
और वफ़ा की कहानियां सुनाकर रकीबों को,

फिर से बेवफाईयां निभाओगे क्या ।

अपनी हुसन की अदाओं से फिर से ,
किसी को गिरा होगी क्या ।
और गिर के संभल जाए वो भी मेरी तरह अगर,
तो क्या उसे भी वफा के सबूत है दिखाओगे क्या।
और फिर भी ना माने वो तो फिर से ,
एक नया जाल किसी और रकीब के लिए
बिछा होगी क्या ।
हुनर फिर से वही आजमाओगी क्या ।

बेवजह की इश्क

बेवजह इश्क को ना निभाओ सनम।
मेरा मसला है मुझ पर रहम खाओ सनम।

बेवजह इश्क को ना निभाओ सनम।
मेरा मसला है मुझ पर रहम खाओ सनम।

दिल इतनी जिल्लत न सह पाएगा।
टूट कर इस कदर वह बिखर जाएगा ।

दिल इतनी जिल्लत न सह पाएगा।
टूट कर इस कदर वह बिखर जाएगा ।

बैठा हूं तन्हा अकेला मगर ,
दिल में मेरे तेरी अब ख्वाहिश नहीं।

बैठा हूं तन्हा अकेला मगर ,
दिल में मेरे तेरी अब ख्वाहिश नहीं।

अक्सर आंखें बोल परती हैं

अक्सर आंखें बोल परती हैं ।
जब लब खामोश हो जाता है ।

दर्द सीने में होता है मगर ,
लबों पे अक्सर मुस्कान रहता है ।

दिल में अनगिनत राज होते हैं ।
पर जुबान पर एक किस्सा तक ना आता हैं।

यह जिंदगी सताते रहता है ।
मगर उसमें भी हंसना पड़ता है।

कलम भी कतराता है

कलम भी कतराता है ,
जब बात समाज का आता है ।

अब भेदभाव नहीं होता ,
ये बात सारा शहर जानता है ।

हमारा कस्बा आज भी ,
छोरे छोरियों में फर्क बताता है ।

कौन सुनेगा उनका बयान ,
जब बात घर में ही दवा दिया जाता है।

कौन करेगा उसका विश्वास ,
जब सारा सबूत मिटा दिया जाता है ।

ये समाज के पैंतरे जो है ना सुनो,
हम लड़कियों पर भारी पड़ रहे हैं।

सुरक्षित है लड़कियां कहकर ,
लड़कियों को ही बेच रहे हैं ।

चांदनी के छांव में

चांदनी के छांव में,
अब तन्हा रह गया हूं ।

सब से अलग होकर ,
अब परछाइयों में बह गया हूं ।

जो पल रो कर गुजारा करते थे ,
अब जिंदगी के भाग दौर में रह गया हूं ।

और वक्त के कीमत को समझा तो ,
वक्त के साथ मैं भी बदल गया हूं ।

कि कभी मैं भी नाकाम्याब हुआ करता था,
वक्त के साथ अब मैं भी कामयाब हो गया हूं।

नाराजगी

कोई बात हो गई है तो कहो ना ,
इस कदर खामोश तो ना रहो ना ।

हो गई है कोई खता मुझसे ,
तो सजा दो ना ।

मुझसे यूं नजरें चुराकर ,
नाराज तो मत बैठो ना ।

हैं करनी न कोई शिकायत मुझसे ,
तो कर लो ना ।

कम-से-कम इसी बहाने ही सही ,
मुझसे बात तो कर लो ना ।

इस कदर रूठ कर बैठे हो ,
सुनो आखरी बार माफ कर दो ना।

आ रही हू लौट के

दर-बदर हो जाएगी उसके हयात ,
मेरे एक रूठ जाने से ऐसा एक पैगाम आया ।
मेरे वास्ते उनकी तरफ से ।
और मुख्तलिफ़ है राहे एक दूसरे की ,
कि कभी मंजिल एक ना हुई ।

और जा रही हूं लौट के उस गली वापस ,
मेरे आने का एक पैगाम उन्हें देना ।
और बरसों से बैठे इस आस में
एक आराम उन्हें देना।

आ रही हू लौट के उस गली वापस,
मेरी आने का एक पैगाम उन्हें देना।

आ रही हू लौट के उस गली वापस,
मेरी आने का एक पैगाम उन्हें देना।

मुरझाया गुलाब

कोई क्यों चुने भला टूटे गुलाब को ,
जब सारा बागवा गुलाबों से भरा हो ।।

कोई गौर नहीं करता बिखरे गुलाबो पर ,
जब पेड़ के शाखाएं गुलाबों से सजा हो ।।

ये नए जमाने के आशिक हैं जनाब,
खिलती गुलाब को तोड़कर कहते है।।

मुरझाया गुलाब अब हमारे किस काम का,
चलो बागवा फिर से घूमते हैं।।

ये तनहा रात

मुझे रोकते क्यों हो ,
यूं टोकते क्यों हो ।

छोड़ो मुझे कहीं दूर चले जाने दो ,
यू पास आकर बैठते क्यों हो ।

ये तनहा रात क्या सताएगी मुझे,
साड़ी काली रात चली जाएगी ।

गुलशन भी खिल उठेगा,
जब बादल गरज बरसेगा ।

तू नूर जिस शहर की है,
वो शहर भी वीरान हो जाएगा।

मेरा साया जब तेरे ,
आंगन को मंडराएगा ।

मुसाफिर

मुसाफिर होता मैं अगर तो राह पूछ लेता ।।

तुझे खामोश देख तेरा हाल पूछ लेता ।

तू बयां कर या ना कर अपना हाल-ए-दिल मुझे,

तेरी आंखों में देख तेरे हालात पढ़ लेता ।।

"और कहते हैं"

खामोशियां कुछ बया करती नहीं मगर ,

मैं तेरी खामोशियों से भी सब जान लेता ।।

तू बता या ना बता मगर,

मुझे सब इख्तियार होता।।

पुरानी बातें

पुरानी बातें हुई,
तो दिल थम सा गया।
भरी महफिल में,
मैं कुछ सिमट सा गया।

फिर याद आया कि,
वह मेरी जिंदगी से चला गया।
फिर न जाने क्यों, उसके आने
के आश में दिल पिघल गया।

फिर किसी ने पास से गुजरते हुए,
इस भ्रम को भी टूट सा गया।
फिर, खयालों से बाहर आया तो याद आया।
मेरा हमराह तो, कब का अकेला छोड़ गया।

ये दास्तां

ख्वाहिशें पिघल रही हैं ,
अब थम जाने को वक्त कहां ।।

दास्तां अपनी सुनाओ या गैरों का ,
तुझे मुझ पर एतबार कहा ।।

कि जा पूछ ले गैरों से ही ,
मेरे हर हालात का ।।

वह सुनाएंगे न दिलचस्प कहानी ,
मेरे हर भीगती रात का ।।

तेरा इंतज़ार

मैं ठहरी नहीं तेरे इंतजार में ,
तुम्हें मु करने में वक्त नहीं लगा ।

सारे वादे निभाए मैंने वफ़ा की थी तुमसे,
तुम्हें बेवफा बनने में वक्त नहीं लगा।

मैंने एक इंजाम तक तुम पर ना लगाया ।
मगर मैंने सुना है,
तुमने मुझे महफिलों में बेवफा कह के पुकारा है।

क्यों जानी तब तुझे,
मेरे इज्जत-ए-नफ्स का ख्याल तक ना आया।

हाल-ए-दिल

इश्क में पल भी पल तड़पते हो ना ।
इश्क है अगर तो कहते क्यों नहीं ,
उसे खोने से डरते हो ना ।

अगर प्यार है तो इजहार करते क्यों नहीं ,
कैसे कहोगे उसे अपने दिल का हाल ।

अगर बात नहीं करोगे तो कैसे सुनोगे ,
उसे अपने बेखबर होने का ख्याल ।

अगर बात नहीं करोगे तो ,
कैसे बताओगे उसे अपना हाल-ए-दिल ।

एक बंद कमरा

मैंने देखा है तुझे, बंद कमरे में ।
वहीं रोते हुए, वहीं सोते हुए।
वहीं जगते हुए, वहीं पढ़ते हुए ।
जीवन का हर संघर्ष करते हुए ।

सब्र से इम्तिहान देते हुए ,
फिर भी असफल होते हुए ।
मैंने देखा है तुझे, बंद कमरे में ।
टूटकर वहीं बिखरते हुए ।

फिर खुद को ही समझते हुए ।
मैंने देखा है तुझे फिर ,
उसी लगन से मेहनत करते हुए।

उदासी

इतनी उदास क्यों हो ,
लगता है कोई करीबी छोड़ गया है ।

देकर कसम साथ निभाने का ,
बीच मझधार में लाकर छोड़ गया है ।

ये दस्तूर है संसार का ,
एक पल किसी को आना है ।

तो दूसरे पल किसी को जाना है ,
फिर इस हालत पे क्यों आंसू बहाना है ।

वो आएगी

महलों का घर छोड़कर ,
वो मेरी झोपड़ी भी आएगी ।

ये किसने कह दिया कि ,
वो बेवफा कहलायेगा ।

जमाने से लड़कर ,
वो मेरी मोहब्बत को अपनाएगी।

अपनी मांग का सिंदूर भी,
मेरे नाम का लगाएगी ।

फिर कौन सा दुख और कौन सा सुख,
मुझसे अलग होकर बताएगी ।

"रब जुदा ना करें हमें ये तमन्ना करेंगे ।
हम ताउम्र साथ रहे ये दुआ करेंगे ।

उलझन

धुंध में लिपटा हुआ तेरा चेहरा ,
हाय ऐ कैसी कशिश है मेरे यार।

सर्द हवाओं में बिखरा हुआ तेरा बाल ,
हाय यह कैसी उलझन है मेरे यार ।

बढ़ते कदम तेरे ऐसे ,
जैसे लरखराने का हो न कोई ।

अश्क बहते नहीं इसके मगर ,
दिल पे है गहरा जख्म कोई lm b

एक तरफा मोहब्बत

ए खुदा ये आपने क्या लिख दिया ,मेरे नसीब में
मैंने तो खुशियां मांगी थी , आपने अधूरी मोहब्बत लिख दी।

जिसके दिल में बसा , किसी और का तस्वीर है।
ए खुदा आपने मुझे, उस के नसीब में क्यों लिख दिया।

माना जब भी तेरे दर को आई हूं हमेशा, अपनी मोहब्बत को मांगा है।
मगर ए खुदा, ये आपने एक तरफा मोहब्बत क्यों लिख दिया।

माना इसके मोहब्बत से ज्यादा, मेरे दुआओं में जोड़ थी।
मगर ए खुदा हमारे दरमियां रंजिशे भी खूब थी।

अब कैसे निभाऊंगी इस बंधन को,
जिसे आपने मेरे नसीब में रफ़ीक़-ए-हयात लिख दिया।

राात की महफिल

राात की महफिल में अब शोर क्या करना ।।
दिल ही तो टूटी है अब आवाज क्या करना।।

और कुछ करने की तमन्ना जो दिल में आए तो,
लोग कहें कि लड़की होकर क्या करना।।
बस बारहवीं करना, फिर शादी करके घर बसा लेना।।

और जो ससुराल में जाकर सासू मां से कहूं,
कि मां मेरे सपनों का क्या करना।।
फिर सासु मां भी कहे, बेटा अब
इन सपनों को इसी रसवती तक रखना।।

राात—पहर अपने शौहर के सामने इकरार कर
एक बार फिर कहना, आ जी "सुनिए"
मेरे सपनों का अब क्या कहना।।

उनका मुस्कुरा कर मुझसे ये कहना की ,
अब जो भी करना है, वो सिर्फ़ तुम्हे है करना।।

ऐ मेरे परवरदिगार आप भी एक रहम करना।।
हम लड़कियों के नाम ऐसा ही शौहर नसीब करना।।

दिल कि बात

हर बार ये कह के मना लेती हूं खुद को
जो भी है वह महज एक दोस्ती है
उसके सिवा और कुछ भी नहीं
मगर यह दिल कुछ और चाहता है

समझती हूं आपके हालातों को
इसलिए हर बार खुद को समझा लेती हूं
दिल और दिमाग के जंग में मै हर बार
खुद को मना लेती हूं

मैं शायद इतनी बुरी हूं रिश्तो को निभाने में
कि कोई रिश्ता बनाना ही नहीं चाहती मगर
ये बात जो दिल में है वो अब छुपाना भी नहीं चाहती

ये रात सुहाना कैसा होगा

ये रात सुहाना कैसा होगा
कुछ पल बेगाने कैसा होगा

तुम बताओ ना,
इन हवाओं में घुलना कैसा होगा।
इन धुपो से मिलना कैसा होगा
तुम बताओं ना,
सर्द हवाओं में गुनगुनाना कैसा होगा
तुम साथ बैठो तो दो बातें हो जाए कैसा होगा।
तुम बताओं ना,
ये रात जुगनुओं से रोशन हो जाए कैसा होगा।
फिर जहां हम और तुम बैठे

वहां एकमात्र दिया हो कैसा होगा।

तुम बताओं ना,

क्या बताऊं जानी तुमसे ,
तेरे संग जीना कैसा होगा।
खुदा न करे हम बिछड़ जाए कभी
मगर तुम ही बताओं ना।
अगर बिछड़ गए हम कभी ,
तो तेरे बग़ैर जीना कैसा होगा।
फिर इन कलियों से मिलना कैसा होगा।
तेरे संग जीना कैसे होगा।

तेरी मसरूफियत

तुम्हारी हर रोज के मसरूफियत से ,
तंग आने लगी हूं मैं।।
तुम कहते हो मुझसे उलझा ना करो,
तेरे ही इश्क़ में जो रंगी हू मैं।।

हर रोज एक वही बयान दे जाते हो ।।
जुमला हर बार वही कह जाते हो।।
दफ़्तर में मसरूफियत बढ़ी ,
तो देर हो जाएगी आने में।।

सुनो आज कुछ नया कह जाओ ना।।
बयान आज कुछ नया दे जाओ ना।।

तुम्हारे हर रोज़ के मशरूफियत से,
तंग आने लगीं हू मैं।।
सुनो आज़ की रात
तुम यहीं ठहर जाओ ना।।

प्यार की धुन

जब प्यार की धुन लग जाती है ।
मानो सरगम पूरे सभा में गूंज जाती हो।

जब प्यार की धुन लग जाती है ।
मानो आसमां के आगोश में चांद समा जाती हो।

जब प्यार की धुन लग जाती है ।
मनो हर लम्हा हमसफर के ख्यालों में गुजर जाते हो ।

जब प्यार की धुन लग जाती हैं ।
मनो लड़कियां तो जैसे बावड़ी सी हो जाती हो।

काश तुम समझ पाते

काश तुम समझ पाते ,
कि तेरी बेरुखी से कितनी अजीयत होती है मुझे।

काश तुम समझ पाते ,
कि तेरे बगैर एक लम्हा न गुजरता मेरा ।

काश तुम समझ पाते ,
मेरी खामोशी का मकसद ।

काश तुम समझ पाते ,
मेरी आंसुओं की कीमत ।

काश तुम समझ पाते ,
तेरे साथ हो कर खुश हो ना मेरा।

काश तुम समझ पाते ,
मेरा मंदिरों में तेरे वास्ते मन्नत मांगना।

काश तुम समझ पाते ,
कि ये काश अल्फाज ना होता
तो आज तू किसी और का ना होता ।

इजाजत

इजाजत हो आपकी, तो दो पल खुद के जी कर देखूं क्या।
खो गई हूं रिश्तो के रुझानों में,
इजाजत हो तो खुद में ही खुद को तलाश के देखूं क्या ।

वक्त जितनी तेज रफ्तार से जा रहा ,
संग आपके भी उसी रफ्तार से चलूं क्या।
और ,सारी खुशी और गम मिलकर बांट लूं क्या।
कोई ऐसा ही काम मैं भी करूं क्या ।

माथे पर बिंदिया , आपके नाम का सजा है।
अपने आंगन को भी, इस कदर सजा दूं क्या।

इजाजत हो आपकी तो , इस गली मोहल्ले में मुझे आपके नाम से

जानने वालों के लिए खुद की एक नई पहचान बनाऊं क्या।

इजाजत हो तो हर पल आपके साथ होकर बिताऊ क्या।

इबादत

जमाना कहता है , मसरूफ हूं मैं खुदा की इबादत में ।।
"तेरे वास्ते"
और खुदा कहते हैं, मशरू है वो न जाने
"कितनों के वास्ते"

शायद खुदा को कबूल नहीं कि, तुम मेरा नसीब बनो।।
और
मुझे कबूल नहीं कि, तुम किसी और का नसीब बनो।।

पर "जाना" अब जब तुमने ठान ही लिया है ।।
तो ठीक है, जाओ ना रोकूंगी , ना टोकूंगी बस यूं ही अश्क छुपाए
फिरूंगी ।।

हां जमाना हंसेगा मुझ पर और मैं रोऊंगी ।।
पर फिकर ना कर भरे महफिलों में तेरा नाम लूंगी।।
पर "जाना" जब निकल जाए जमाने से आगे "हम" ।।

फिर आएंगे तुझसे भी मिलने हम और बताएंगे तुझ बिन कैसे जिए हम
।।
खुदा से करूंगी इबादत उस लम्हे में मुझे संभाले रखने के वास्ते।।

जो लम्हा तेरे बगैर गुजारा उस लम्हे को अब जाने दीजिए।।
अब आप मेरे दिल में नहीं है इस बात को मान लीजिए।।

जुदाई

आंखों में नमी, होठ है गीले पड़े।
तेरे जुदाई का गम ,ऐसे जो मेरे जेहन में पले।

जब याद आती है उन लम्हों को,
जो गुजर गई तुम्हारे बिन सनम।

मेरा सोया जिस्म भी कांप उठे ,
उन लम्हों के यादों में सनम ।

ये हस्तियां मुझे जीने नहीं देगी,
तेरे बिन सनम।

कैसे जिए होंगे उन लम्हों में,
तेरे बिन सनम।

तू रूठे तो कैसे ना मनाते तुझे,
तू चला जाए तो कैसे छोड़ देती तुझे।

जालिम सी हस्ती में क्यों छोड़ चले मुझे,
वापस ना आए तो मैं चली आई सनम।

वीरानियां छा गई है ,
तेरे बिन सनम ।

काली सी घटा छा गई है ,
मेरे आंचल में सनम ।

क्यों छोड़ चले मुझे , वीरान से हंसते में सनम ।
वापस ना आए तो , मैं चली आई सनम ।

वो चौराहा

जिस चौराहे पर हम मिले थे ,
वहां से कुछ दूर आगे तक चलना था ।

फिर राहें अलग होती थी हमारी ,
आगे से हमें यूं ही रुख मोड़ना था।

हैरत किस बात का करूं तुम ही बताओ,
बिछड़ने का गम क्यों मनाओ तुम ही बताओ।

भले ही अजनबी थे हम ,
हकीकत से अनजान तो नहीं थे ।

एक रोज को बिछड़ना था ,
बकायदा हम सब जानते थे।

वो शाम

वो शाम पुरानी हुआ करती थी ।
जो सिर्फ तेरे नाम हुआ करती थी ।

वो वक्त पुराना हुआ करता था ।
जब मैं तुझे बेइंतहा चाहा करती थी ।

तू बदल गया था ।
बेशक तेरी मजबूरी थी।

मैंने भी संभाल लिया था खुद को ।
क्योंकि मेरी भी एक जिंदगी थी ।

ना फिकर तुझे हुई थी रिश्तों की ।
ना पहल मैंने की कोई बात करने की ।

मेरी रूह

मेरे रूह को आजाद कर ।
अपनी दुनिया से मुझे रिहा कर।

भावनाओं के भंवर से रचा चक्रव्यू,
इसे तोड़ कर मुझे आजाद कर।

मेरी रूह को आजाद कर।
इस रिश्ते को तोड़कर।

एक नई शुरुआत कर।
तू चाहे जो कर मगर,
मेरी रूह को आजाद कर।

बड़े अरशो बाद

बड़े अरशो बाद, यह नसीबा गया है।।
तेरा चेहरा आज, कितने क़रीब आ गया है।।

कितने दिन बीत गए, कितनी शामें गुजारी है।।
तुम्हारे बिन सनम, कितनी रातें निकली है।।

कुछ इश्क़ मुकमबल भी होते है।।
आज तुम मिल गए हो, तो ये यकीन आ गया है।।

तू अकेला तो नहीं

कैसे छोड़ दूं तुझे अकेला मैं
तुझे दुनिया से बचाना है
तुझसे इश्क किया है मैंने
अब हर वादे को निभाना है

आज दो पल बैठ यहां मेरे साथ
तुझे प्यार से मनाना है
तेरी अजियत की वजह क्या है
मुझे वह वजह जानना है

शायद पैसों की मदद ना कर पाऊं मैं
मगर तुझे गले से लगाना है
यह हालात जिस पल को हराए तुम्हें
मुझे तेरा हौसला बनकर तुझे आगे बढ़ाना है

अधूरी बाते

कुछ बातें अधूरी रह जायेंगी।
कुछ मुलाकातें यूं ही रह जाएंगे।
वक्त जैसे-जैसे कटती जाएंगे।
राह में घूमना मियां भी बढ़ती जाएंगे।

एक समय वह भी आएगा।
गुमनाम सा रिश्ता जब,
हमनाम कहकर पुकारेगा।

तेरा सफर अभी अकेले का है।
लोगों के भीड़ से बाहर निकल आ।
देख कहीं भीड़ में गुम ना हो जाए तू।
उससे पहले वहां से दौड़ लगा।

भीड़ की चीखे भीड़ में ही रह जायेंगी।
अकेला आकर दहाड़ तो लगा फिर देख।
जमाने का ये पैतरा , तेरी ख़ामोशी को भी
कितने ख़ामोश रह कर सुनेंगे ।

ये नज़रे हटा ले

ये नज़रे हटा ले जानी,
आंखे मेरी भी कमल की है।

तू मेरी मोहोब्बत पे नज़र रखता है।
सुना है, सनम तेरी भी कमल की है।

और जरा दूरियां रख महफिलों में,
मेरी सनम से वो तेरी करीबी तो नही।

और मैं जानता हूं,वो कुछ कहती नही मुझे ।
वो समझती है तू यार है, मेरा इसलिए सहती है तुझे।

तू समझदार बना फिरता है ना जानी तो
बात सुन मेरा जुमला यू ही हस्ते-हस्ते न लेना

और मेरी सनम से ज़रा दूरियां बढ़ा लेना
ये जो तेरी पैनी निगाहें है ना उसे हटा लेना

टूटी हुई कश्ती

हमने भी किसी को रोता हुआ छोड़ा है
अब आप हमें क्या ही रुलाएंगे
एक बार को तो ठीक भी है
मगर हर बार क्या ही सताएंगे

टूटी हुई कश्ती में, बिन पंखे आपने बैठा है।
शायद आप भूल गए थे, वह शख्स पहले से टूटा है।
वो रिश्तो से डरता है , वादे करता नहीं किसी से।
वो शीशा बन बैठा है टूट जाए भले ही मगर डरता नहीं किसी से।

मन की व्यथा

अपनी मनोदशा मैं कैसे सुनाऊं,
कौन सा रोग कौन सा ऐब बताओ ।
यह मन की व्यथा भी कितनी अजीब है,
जितना शांत करो उतना ही शोर मचाते हैं।

तुम सामने हो तो सुकून नहीं आता,
दूर चले जाओ तो मन बेचैन सा हो जाता।
यह वहम तो नहीं कि भूल जाऊं सारी बातें,
दो पल सुकून की सांस लू और गुजार दूं ये रातें।

मांझी के किस्से

मांझी के कितने ,किस्से रहे तुम्हारे।
अगर दिल इतना ही टूटा तो,
दिल के कितने हिस्से हुए तुम्हारे।
इश्क के कितने जानते हैं तुमने,
इस घोषणा को कितनों के नाम किए हैं तुमने।

मांझी के कितने , किस्से रहे तुम्हारे।
टूट कर बिखर जाओगे ,
अगर मोहब्बत में बेवफाई किया तुमने।
और फिर संभल भी ना पाओगे ,
अगर हम सफर को जलील किया तुमने।

बदनाम मोहोंबत

नहीं मैंने ऐसा तो नहीं कहा था ,
मुर्शद तुमने झूठी अफवाह फैलाई हैं ।

अच्छा खासा जी रहे थे हम ,
तुम ने महफिलों में आग लगाई है ।

चलो माना कसूरवार थे हम ,
मगर तुमने सबको बेवफा बताई है ।

उनसे बिछड़े तो

उनसे बिछड़े तो खुद से मुलाकात हो गई ।।
न जाने हमारे दरमियां ऐसी क्या बात हो गई।।

चलो छोड़ो मुसलसल उनका जिक्र करना है यहां।।
वह गए मगर महफिले हमें बदनाम कर गया।।

खता इश्क करने की हुई थी हमसे ।।
और वो हमें इश्क की इलम दे गए।।

वादा करो

वादा करो, तुम मिलने आओगे ।
जहां, बिछड़ गए थे हम ।
वापस , उसी मोड़ पर आओगे।

यकीन तो नहीं आता मगर ,
एक बार फिर वादे तोड़ कर याद दिलाओगे ।

तुम जा चुके हो कब का,
यह फिर से बताओगे ।
ना, आकर मुझे फिर से रुलाओगे ।

आंखों में तेरे

आंखों में तेरे समुंदर को देखा है
हिज़्र की रात तुझे पल-पल तड़पते देखा है

और तू कहती है कि वो मेरा मोहब्बत है,
मगर मैंने उसे उस शाम किसी और के आगोश में देखा है।

और शाम डले तो आ जाना अपने पुराने आशियाने पे,
मैंने वहां तुझे सुकून से जीते देखा है।

और चाहें तू मान या ना मान मगर,
तेरे आंसुओं में खुद को तड़पते देखा है ।

और सच है यह भी कि अपनी मोहब्बत में,
मैंने हर बार सिर्फ तुझको ही देखा है।

गुनाह

गुनाह कर करके वह मुझसे ही लिपटता रहा ,
जैसे कोई सांप गले से लिपट कर डसता रहा।

राह अपनी बदलता मैं मगर ,
उनके ही दर जाकर भटकता रहा।

नैन बरसने लग जाते हैं हमारी भी,
खौफ जब जब उनके दूर जाने का रहा।

हिज़्र की रात

हिज़्र की रात , अब ये हया कैसा ।
रुखसती में उल्फत मनाना कैसा।

चल छोड़ चले , एक दूजे को इसी मोड़ पे।
अब , इस रिश्ते को निभाना कैसा।

नजरें तरस गई थी, तेरे दीदार के लिए।
अब, हिज़्र की रात पर मुस्कुराना कैसा।

जुदा होकर तुझसे मकतूल रह गया हूं।
ऐ हयात बताओ इस मकतूल में जीना कैसा।

सावन की घटा

तेरे आंगन में सावन की घटा तक ना आए।
मेरे आंसुओं का हर्जाना लेने खुदा तेरे दर आए।

हर अमावस्या की रात बेमौत तुझे डराए।
तू मांगे खुदा से मौत तुझे मौत तक ना आए।

जो जख्म तूने मुझे दिया ।
उसी जख्म से खुदा तेरे रूह जलाएं।

बेख्याली में तेरा ख्याल

तुमने जो जो कहा वह सब किया मैंने,
मगर तुम फिर भी छोड़ गए।।

अब कभी बेख्याली में तेरा,
ख्याल आता है तो समझ आता है।।

बदलना तो तुझे था हर मुमकिन,
तुमने बेवजह ही मुझे बदल दिया।।

ख्यालों में आ रहें हो

मेरे यादों में आने लगे हो ,
मेरे जज्बातों में मत आना।
मेरे ख्वाबों में आने लगे हो ,
मेरी आंखों में मत आना।

सुना है मोहब्बत की,
गलियों में घूम रहे हो।
लौट के इस गली में,
वापस मत आना ।।
और
कसूरवार हम थे या तुम थे ,
यह बात पुरानी हो गई ।।
मुझे फिर से, वो अजियत
देने मत आ जाना।।

जख्म पुराने हुए

जख्म पुराने होकर भर जाएंगे ।
इसलिए हम कहीं और जाकर
घुलने मिलने लगे थे।
मगर ,
जनाब बहुत छोटी सी दुनिया है ।
ये हर बार किसी ना किसी मोड़ पर ,
हमें उनसे मिला ही जाती है।

कसूरवार

सभी ने अपने गुनाहों से ,
पल्ला झाड़ लिया ।
सारे गुनाहों का कसूरवार ,
अकेला मुझे ठहरा दिया ।

सोचती हूं बदले में ,
कभी जवाब दे दू इन्हें ।
मगर सारे सवालों को ,
मैंने यूं ही निकल लिया ।

सारे रिश्ते फिजूल थे ,
अब समझ आता है ।
सारे वादे नाकाम हुए क्यों ,
अब समझ आता है ।

खो गए हम

खो गए हम
तुम्हारी नजरों में कहीं
पास आओ तो कहे
चलो हम कहीं दूर चले

ये जालिम जमाने से दूर ही रहे
इक्तला हुआ हमारी मोहब्बत का
जमाने से अगर तो ये जमाना मार ही ना
डालेगा अपनी बेगैरत लफ्जों से हमें

आंखों की उदासी

ये आंखों की उदासी बता रही ,
तू कल रात सोया नहीं ।

खाकर धोखा हर बार मगर ,
तू अब तक समझा नहीं ।

इन मुसाफिरों के सफर में ,
तू खुद को हमदर्द बना ।

भरोसे के लायक कोई नहीं यहां ,
तो खुद को खुद का भरोसा बना ।

वफा की कहानियां

हम वफा की कहानियां सुनाते हैं,
और तुम आकर के नगमे गाना।

लोग तो जलेंगे मुसलसल मुझसे,
और तुम उन्हें ज़रा हौसला दे आना।

देखो मुझे हमदर्दी की ख्वाइश नही,
मगर कभी अकेले में पाना तो गले लगा जाना।

हम हर शाम यूहीं गुनगुनाएंगे,
और तुम आकर महफिलें जमाना।

हम वफ़ा की कहानियां सुनाते हैं,
और तुम आकर के नगमे गाना।

शेरों – शायरी

1. मैं जरा सा बादलों में क्या छुप गई
तुम तो मेरी चमक ही भूल गए
तेरे करीब एक तारा आया चल के
और तुम उसकी रोशनी में घुल गए

2. गहरा जख्म

जख्म गहरा था,

भरने में वक्त लग गया।
रिश्ता गहरा था,
भूलने में वक्त लग गया ।
वजह चाहे जो भी हो ,
मगर वक्त काफी लग गया।

3. काफ़ी पुरानी बात है

काफी पुरानी बात है
तुम्हें याद कैसे होगी
सारे जज्बात मेरे थे
तुम्हें एहसास कैसे होंगे

शेरों - शायरी

1. चला जाऊंगा

तेरी मुश्किल है ना बढ़ाऊंगा चला जाऊंगा।।
अश्क आंखों में छुपा लूंगा चला जाऊंगा।।
कुछ देर तेरी दहलीज पर रहने दे मुझे ।।
होश में आऊंगा..........चला जाऊंगा।।

2. खो गए हम

खो गए हम
तुम्हारी नजरों में कहीं
पास आओ तो कहे
चलो हम कहीं दूर चले

ये जालिम जमाने से दूर ही रहे
इक्तला हुआ हमारी मोहब्बत का
जमाने से अगर तो ये जमाना मार ही ना
डालेगा अपनी बेगैरत लफ्जों से हमें

3. आंखें सच कहती अगर तो ,
ये लब क्यों कतराता ।
इश्क होता अगर ,
तो पलकें ना झुका था ।

शेरों – शायरी

1. ये कैसी शिकन तेरे माथे पर बन आई हैं।
अब कौन सी मुसीबत तेरे गले पर आई हैं।

2. मर्जी नहीं मेरा मिजाज बताएगा
अब तेरा इस्तेमाल होगा या
तुझ पे रहम खाया जाएगा

3. जलते चिराग से खेलने की कोशिश ना कर,
"मियां"
दफन होने से पहले भस्म हो जाएगा।

4. मैं भी एक आम इंसान ही हूं मगर आम लोगों के साथ,
जो लोग अपनी रंग बदलते हैं ना
गिरगिट की तरह उनके साथ मैं भी
अपनी चाल बदलती हूं ,
शतरंज के पासे की तरह।

शेरों – शायरी

1. खामोशी तन्हाई देती है,
राते रुसवाई देती है।
हमसफर मिल जाए एक राह पर ,
अगर तो मुसाफिर भी दुआएं देती हैं।

2. सोच कितना टूटा होगा मन
जब तू छोड़ा होगा तन्हा रातों में
अकेला मुझे तकती निगाहैं तेरी आश में
और तू बैठा है किसी और के आश में

3. मुसलसल इश्क की गली में ,
यु आ कर वापस हो जाते हो ।
"कहो ना "
तुम बार-बार मुझे ही क्यों तड़पाते हो ।
मेरी दो चार राब्ता हो गई किसी से ,
तो गुस्सा हो जाते हो ।
यह दोस्त दोस्त कहकर ,
यह प्यार क्यों जताते हो।

4. मुझे पाने की जो तमन्ना रखते हो ,
पसंद हूं आपकी कोई हीर थोड़ी हूं ।

वक्त बदलते जगह बदल लूं,
आ जी मियां इंसान हूं कोई चीज थोड़ी हूं ।

शेरों - शायरी

1. तुम कहते हो, हम इश्क निभाएंगे।
तुम मरते रहो, हम वादे तोड़ जाएंगे।

2. दर्द तूने दिया,गम मेरे पास है।
खुशियों का ठिकाना नहीं ,
और मोहब्बत की बात है।

3. सब खैरियत तो है बस वो पूछा करते थे ।
सब खैरियत तो है बस वो पूछा करते थे।

क्या वाकई सब खैरियत है ।
कभी वो देखा नहीं करते थे ।

4. धोखा उसने दिया
बेवफा मुझे कह दिया
मेरा प्यार भी इतना पागल
कि वह मुझे ही पागल कर गया

शेरों – शायरी

1. मेरे नैनों की काजल
तेरे सपनों को सजाएगी
तेरे घर आकर
तेरी जोगन बन जाएगी
एक तलक एक इशारा तो कर
ए हमसफर मेरे अपना घर बार
छोड़कर तेरे आंगन को सजाएगी ।

2. टूटे हुए दिल को हथेली पर,
उठाने की जहमत मकर मियां ।
बड़ा भारी हो गया है,
ये दिल जख्म उठाते उठाते ।

3. सरेआम मेरे इश्क का ,
तोहीन किया गया है ।
दुबारा दिल ना लगा सकूं,
कुछ इस कदर जख्म दिया गया है।
मेरा प्यार एक माजी का किस्सा है ।
ये बता कर मेरी जिंदगी से खेला गया है।
शायद ये पूरा किस्सा बनाकर ,
मेरी जिंदगी में एक बेवफा ,
शख्स को भेजा गया है।

शेरों - शायरी

1. मेरी बुराइयों का कब्र खोदकर,
मेरी अच्छाइयों को दफना रही हो।
जाओ बेवफा जाओ क्यों,
अपनी नियत बता रही हो।

2. एक बार फिर मेरे प्यार का ,
मजाक बनाया गया है ।
मैंने वफ़ा नहीं बेवफाई की है ।
यह कह कर, मुझे जिंदगी से निकाला गया है।
दिल जितना जिल्लत सह ना सके,
उससे ज्यादा जख्म दिया गया है ।
और सुन "मेरे खुदा" जो जुर्म मैंने किया,
ही नहीं उस जुर्म में मुझे दफनाया गया है ।

3. रातें बिना चांद के जैसे ,
कितना अकेला सा लगता हो ।
कुछ यूं ही मेरी जिंदगी तुम बिन ,
जैसे अधूरा सा लगता हों।

शेरों - शायरी

1. अल्फ़ाज़ बदले, लिबास बदला।
मोहब्बत बदली, सक्स बदला।
बेनकाब हुआ तो, नकाब बदला ।
जिस्म से खेल कर, रूह बदला।
ऐ गुनाहों के मूरत, खुदा से डर ज़रा ।
ना तू बदला, ना खुदा बदला।

2. बात नहीं करते मुझसे ,
क्या कोई बात है क्या ।
रूठ गए हो मुझसे ,
इसकी वजह में हो क्या ।
सच कहो ना मुझसे ,
झूठ में कुछ रखा है क्या।

3. तलाश-ए-सुकून में हमनें,
बेगैयत-ए-इश्क़ कर ली।

बेमुरव्वत है वो शाक्स ऐ खुदा,
ये हमनें किससे इश्क़ कर ली।

शेरों – शायरी

1. लबों पर खामोशियों का पहरा है ।
आंखों में आंसू गहरा है ।
हां"
ये शख्स बेशक इश्क में बिखरा रहा है ।
फिर कोई करे क्यों ये इश्क ,
ये इश्क बड़ा अजियत देता हैं।

2. मुश्किल है तुम्हारे बिना जीना अभी
बखूबी जानती हूं मैं
मगर मेरी जान तुम फिकर मत करो
खुद को भी पहचानती हूं मैं

3. ये चांद छुपा जा रहा
ऐ चांदनी जा ढूंड उसे

अंधेरों में डूबा वो
रौशनी के इंतज़ार में है

अंधेरी रात की गहराईयों को
मिटा कर सुबह होने के इंतज़ार में है

4. ये कैसी बात करते हो गालिब।
उसे भूल जाने की बात करते हो।

5. बड़े मुद्दतो बाद हमें, रूमानी इश्क़ याद आ गई।
एक अरशे हो गए, जानी आज तुम्हारी याद आ गई।

समाप्ति

आप सभी का आभार जो इतने लगन से इस पुस्तक की रचनाओं को बहुत ही धैर्य पूर्वक पढ़ा आपने।

समाप्ति

इस पुस्तक में मेरी दो सालों के काव्य प्रसंग को प्रस्तुत किया गया है। काव्य के रूप में प्रेम-प्रसंग, प्रेम-पीड़ा, बेख्याली, बेवफा, अकेलापन, अधूरापन, जीवन के संघर्ष, सफलताएं, एक तरफा मोहब्बत, और आशिकों के दर्द को सम्मिलित करके काव्य रूप के माध्यम से इनके भाव को समेट कर के विवरण करने की कोशिश की गई है।

जब आप इस पुस्तक के किसी भी एक काव्य को पढ़ेंगे तब आपको अपने बीत कल को कोई न कोई झलक अवश्य दिखेगी।

मेरी कुछ रचनाएं खयालों से ही क्यों ना लिखी गई हो। मगर कहते हैं, कि हमारा ख्याल किसी न किसी की हकीकत जरूर होती है।

अंतत मैं यही उम्मीद करती हूं कि, आप जब भी मेरे ख्याल को पड़ेंगे । तो मेरे शब्द आपके दिल तक पहुंचेगी।